Zu

Leopold von Ranke's

Heimgang.

(Als Manuscript gedruckt.)

Leipzig 1886, Duncker & Humblot.

Inhalt.

		Seite
1.	Die letzten Lebenstage Leopold von Ranke's. Von Otto von Ranke	5
2.	Trauerreden	19
	a. Ansprache am Sarge meines Vaters (von Otto von Ranke)	21
	b. Rede des Oberhofpredigers Dr. theol. Rudolf Kögel.	23
3.	Anhang	34

Die letzten Lebenstage Leopold von Ranke's.

Von

Otto von Ranke.

Berlin, den 22. Mai 1886.

Mein Vater war durch Gottes Güte bis in ein hohes Lebensalter vor irgend einem Krankſein bewahrt geblieben. Seine Kinder erinnern ſich nicht, daß er jemals einen Tag im Bett zugebracht. Auf einer ſeiner Münchener Reiſen, welche er Ende September jedes Jahres unternahm, um der Hiſtoriſchen Commiſſion zu präſidieren, zog er ſich in Folge von Erkältung — irre ich nicht, 1867 — ein Blaſenleiden zu, welches immer wieder hervortrat und heftige Schmerzen bereitete.

Seine außerordentliche Willenskraft ließ es aber niemals zu, daß man ſein Leiden ihm anmerkte. Die Meiſten, welche ihn bei einem Beſuche ſo überaus heiter antrafen, ahnten nicht, daß er vielleicht wenige Minuten zuvor in den allergrößten Schmerzen wie ein Kind gewimmert hatte.

Im Jahre 1878 trat das Leiden ſo akut bedrohlich auf, daß der ſeitdem verſtorbene Geh. Rath Wilms zu Hülfe gezogen wurde. Derſelbe erklärte die Krankheit nicht nur für ſehr bedenklich, ſondern glaubte, das baldige Lebensende vorausſagen zu müſſen.

Wider Erwarten der Aerzte erholte ſich aber mein Vater. Nun ging Leopold von Ranke an die letzte Rieſenarbeit ſeines Lebens: Die Weltgeſchichte. Den letzten Impuls, die längst geplante Aufgabe nun wirklich auszuführen, erhielt mein Vater, wie er später oft erzählte, von Sr. Kaiserl. Hoheit dem Kronprinzen. „Ich habe mit dem lieben Gott" — so sagte er wiederholt — „einen Pakt gemacht. Noch fünf bis sechs Jahre muß er dazu mir geben. Dann will ich gern scheiden."

Meist im Herbst und im Frühjahr traten bedrohliche Erscheinungen auf, welche aber eben so schnell, wie sie kamen, überwunden wurden. Im November vorigen Jahres war er ein oder das andere Mal so schwach, daß wir fürchteten, er werde, wie Alexander von Humboldt, vor Vollendung seines neunzigsten Lebensjahres abscheiden. Wie kräftig und geistesmächtig hat er dann aber diesen Jubeltag feiern dürfen. Auch seinem Körper schien die große Freude dienlich gewesen; fühlte er sich doch nach dem Feste doppelt frisch. Seine dankbare Freude sprach er auch in Bezug auf seine Familie aus. „Meine drei Kinder, glücklich verheirathet, in guten, gesicherten Lebensstellungen." Ganz besonders hatte er sich der Geburt seines jüngsten Enkelsohnes erfreut, des Kindes meines Bruders, des Hauptmanns von Ranke, dessen Ehe mit einer Enkelin seines geliebten Bruders Heinrich aus München seinen besondern Beifall gefunden. Bald nach der Geburt hat er, der sonst keinen Besuch mehr machte, die drei Treppen, die zur Wohnung hinaufführen, nicht gescheut. Mit besonderer Inbrunst hat er das Kind gesegnet. —

Wenn wir daher, so oft wir ihn verließen, mit Dank seine große Lebensfrische bewunderten, so setzten uns doch die Beobachtungen seiner Pflegerin, Frau Loppe, welche mit unvergleichlicher und unermüdlicher Treue für ihn sorgte und ihm, menschlich geredet, das Leben erhielt, in nicht geringes

Erschrecken. Sie erklärte immer wieder, die Kräfte nähmen ab; er sei doch überaus schwach und gebrechlich. Je und je hatten sich in den letzten Jahren plötzliche Schüttelfröste in Folge seines Blasenleidens eingestellt. Sanitätsrath Dr. Reinke, sein Hausarzt seit fünfzehn Jahren, erklärte nach einem solchen Anfall Anfang April d. J., mein Vater müsse seine Lebensweise, nach welcher er einen Theil der Nacht, bis 1 auch 2 Uhr Morgens, zur Arbeit be= nutzte, aufgeben. Dieselbe sei Gefahr bringend. Da meines Vaters sehnlichster Wunsch und heißes Gebet war, die „Welt= geschichte" zu vollenden, so willigte er alsbald in des Arztes Vorschrift. Er hat seit Anfang April die bisherige Lebens= weise eingestellt; er ging früh zu Bett; freilich nicht ohne den Versuch zu machen, am Tage dafür zwei Stunden länger für die Arbeit zu gewinnen. Wir versprachen uns viel von der Nachtruhe. Wer meinen Vater in den letzten April = und den ersten Maitagen gesehen, mußte seine ganz besondere Le= bensfrische bewundern. Ich sah ihn am 3. Mai. Es waren die Sterbe = und Begräbnißtage seiner am 30. April 1871 heimgegangenen, seligen Frau, meiner unvergeßlichen Mutter, vorangegangen. „Ich habe nun drei Lustren ohne sie leben müssen. Noch bedarf ich eines Lustrums; dann ist die Arbeit gethan." Mit großer Freude erzählte er von seinen letzten Studien. Sie betrafen die durch Bryennios ans Licht ge= zogene $\Delta\iota\delta\alpha\chi\dot{\eta}$ $\tau\tilde{\omega}\nu$ $\delta\dot{\omega}\delta\varepsilon\varkappa\alpha$ $\dot{\alpha}\pi o\sigma\tau \acuteo\lambda\omega\nu$. „Sie ist unzwei= felhaft ächt, sie ist älter als der Hermas. Für den dritten Band der „Weltgeschichte", der in neuer Auflage erscheint, habe ich eine Bemerkung gemacht. Die $\Delta\iota\delta\alpha\chi\dot{\eta}$ bestätigt ja nur im Wesentlichen meine Auffassung."

Daß auch der Kirchenpolitik gedacht wurde, versteht sich

von selbst; es war der Tag der dritten Lesung der Vorlage im Abgeordnetenhaus. „Bismarck kann gar nicht anders. Es muß ein **modus vivendi** geschaffen werden." Das war seine Ueberzeugung.

Ich verließ meinen Vater, indem ich die Freude aussprach, ihn so wohl angetroffen zu haben. So gesund, wie den ganzen Winter nicht.

Um so mehr war ich überrascht, als ich am 6. Mai bei einem Besuch seine plötzliche schwere Erkrankung wahrnehmen mußte. Dr. Reinke, den ich gerade antraf, meinte auf meine Frage, ob denn Lebensgefahr vorhanden: „Ja bei jedem Andern würde ich sagen, der Kranke kann die Nacht nicht überstehen; aber bei ihrem Herrn Vater hoffe ich, er arbeitet morgen wieder." Und richtig, am 7. ließ mein Vater seinen Arbeitstisch in sein Schlafkämmerchen tragen und arbeitete etwa zwei Stunden mit seinem Amanuensis, Herrn Dr. Hinneberg. (Außer diesem jungen Gelehrten unterstützte meinen Vater seit vielen Jahren Herr Dr. Wiedemann. Beiden fühlte sich mein Vater zu großem Danke verpflichtet.) Am 8. vertauschte er das Bett mit dem Sopha und arbeitete wieder länger. So waren wir ganz hoffnungsvoll. Da that Sonntag, den 9. früh, mein Vater einen Fall, als er sich, ohne die Hülfe seines Dieners zu erwarten, vom Lager erhob. Mein Vater hat dann später wohl erklärt, er habe seine Leute durch seine Kraft in Erstaunen setzen wollen. Der Arzt nahm, wie der Kranke selbst, den Fall für sehr bedenklich. Das ganze Nervensystem war erschüttert. Noch lebte er ganz der großen Aufgabe seines hohen Alters. Als Dr. Hinneberg Montag früh ans Bett trat, rief er ihm zu: „Ach, wie schade, daß Sie diese Nacht nicht hier waren. Wir hätten das letzte Capitel des siebenten

Bandes fertig gebracht. Ich hatte es ganz im Kopfe." Noch konnte er arbeiten. Montag, Dienstag, Mittwoch, den 12., zum letzten Mal. An diesem Tage diktierte er noch einen Brief an seinen Verleger, Herrn Carl Geibel. Derselbe war meinem Vater nicht Geschäftsmann allein, nein, wie er oft sagte, Freund; „er gehört mit zu meiner Familie. Ohne ihn wäre an die „Weltgeschichte" nicht zu denken gewesen." Es freute ihn, wie kalligraphisch seine Namensunterschrift ihm gelungen. Als am Donnerstag Dr. Reinke der je und je aussetzende Puls gefährlich erschien, wurde seine von ihm besonders geliebte Tochter, Frau Maxe von Kotze, deren sonst alltäglichen lieben Besuch er die letzten Wochen wegen schwerer Erkrankung derselben hatte entbehren müssen, schnell herbeigeholt. Aber ehe sie erschien, war auch die unmittelbare Gefahr schon vorüber. Um so herzlicher war das Wiedersehen. Der Vater erzählte der Tochter, wie er das immer gern gethan, seine Krankheitsgeschichte. Dem Fall legte er große Bedeutung bei. „Wie ein Bräutigam seiner Braut hoch zu Roß entgegenreitet und plötzlich zu Boden stürzt, so kam ich zu Falle. Ich hoffte, der Welt noch über die größten, weltbewegenden Ereignisse etwas sagen zu können: ich stand auf hoher Warte — und plötzlich that ich den Fall und liege nun elendiglich am Boden. Ob ich noch einmal aufkomme, wer weiß es? Gott weiß es! Das sind ja die Geheimnisse Gottes." Die Tochter erwiederte: „Dir aber hat Gott von diesen Geheimnissen mehr offenbart, als den meisten Menschen."

Nach einem abermaligen schweren Schüttelfrost am Donnerstag hat mein Vater das Bett nicht mehr verlassen können. Und wunderbar genug! Der Gedanke an seine Arbeit war seitdem wie abgeschnitten. Während er sonst auch in seinen Träumen mit der Arbeit beschäftigt war, trat sie jetzt völlig zurück. Als ich ihm, da es scheinbar am Freitag wieder besser ging, sagte: „Nun wirst Du bald wieder an die Arbeit gehen", da schüttelte er den Kopf: „Ach, nur erst aufathmen können! Ich liege tief unten im Thal — ich muß geduldig warten." „Wie jener Kranke am Teiche Bethesda" — so sagte er meinem Bruder — „so warte ich auf den Geist, der das Wasser bewegt." Als auf einen Augenblick der ehemalige Schüler und treue Freund meines Vaters, Herr Dr. Toeche, ans Bett trat, war die einzige Frage, die er gern beantwortet wissen wollte: „Was macht Waitz?" Von den Münchener Verwandten ließ er sich gern erzählen. Daß sein Neffe, Dr. Johannes Ranke, ordentlicher Professor geworden, war ihm eine ungemeine Freude. Von Pasteur, den sein ältester Neffe, Professor Heinrich Ranke, in Paris besucht, wünschte er ausführliche Nachrichten zu erhalten. Seinen ältesten Enkel, meinen kleinen Eberhard, segnete er am Sonntag, den 16. Noch am Dienstag, den 18., erkannte er mich und rief mir wiederholt zu: „Lebe wohl, lebe wohl, mein Lieber!" Aber gegen 10 Uhr Vormittags verließ ihn das völlige klare Bewußtsein. Nicht einmal seine Tochter erkannte er mehr. Seitdem hat er auf Eindrücke geistiger Art kaum mehr reagiert. Als mein Bruder, der Hauptmann, ihm am 18., in einer verhältnißmäßig lichten Stunde, den 126. Psalm vorlas, machte er Zeichen des Verständnisses und innerlicher Antheilnahme.

Am 19. fand ich ihn des Morgens bei freierem Bewußtsein. Er fragte nach der Tageszeit, dem Wochentag; ich nannte ihn und setzte hinzu: Buß= und Bettag. „Ach, ja!" Als ich sagte: „Se. Majestät der Kaiser läßt sich erkundigen, wie es Dir geht," klärte sich sein Gesicht auf; er wollte

sprechen — aber die Worte versagten. Nach einer Minute etwa äußerte er dann: „Es macht also doch Eindruck."
Seine Ernährung war auf ein Minimum herabgegangen. Seit Sonnabend, 15. Mai, hat er consistente Speise nicht mehr genommen. Nur einige Löffel Bouillon und einen Schluck besten Portweines genoß er häufig. In den Nächten bemächtigte sich seiner große Unruhe. Es ist aber nicht richtig, wenn man dieselbe dahin gedeutet, er wolle wieder zur Arbeit. Nein, an diese dachte er nicht mehr. Der große Mann, der Geistesheroe, ist schwach wie ein Kind geworden Nur für die leiblichen Wünsche fand er noch Worte.

Als am Mittwoch früh mein Onkel, der Professor Dr. Ernst Ranke aus Marburg, ankam und ihm ein Wort des 23. Psalmes zurief, da lauschte er wieder auf; es ist demnach wohl anzunehmen, daß er das Erscheinen seines geliebten Bruders inne geworden, wenn er ihm auch nicht mehr antwortete. Seitdem ist seine Lebenskraft je länger je mehr im Verlöschen. Wie ein Licht wohl noch je und je aufflackert, ehe es ganz verlischt, so stellten sich auch in den letzten Tagen verhältnißmäßig leichtere und wieder schmerzvollere Stunden ein; große Unruhe, in welcher er überaus laut schrie: „Ich elender Mensch, ich armer Schelm, erbärmlich", wechselte dann mit völliger Apathie, in der er oft viertelstundenlang regungslos dalag, ab. — Wie bei so manchen Sterbenden, so konnte man auch bei meinem Vater den kalmierenden Eindruck eines Bibelwortes wahrnehmen. Seit Jahren hatten ihm schon seine Enkeltöchter, Lilli und Ilse von Kotze, während ihres Winter-Aufenthaltes in Berlin sonntäglich das Evangelium aufgesagt. Auch am 16. Mai hat ihm auf seinen Wunsch seine Enkelin Ilse das Evangelium hersagen dürfen. Als ich ihm am 21. Mai noch ein Vater-Unser betete, da faltete er die Hände und folgte dem Gebet. Schon am 21. früh erwarteten wir sein Ende. Ich wurde um drei Uhr Morgens gerufen; aber immer wieder, wenn es schien, als müßte der letzte Seufzer erfolgen, bewegte er sich und die unmittelbare Gefahr war vorüber. Mir kam es, der ich gestern viele Stunden an seinem Bette gesessen, fast wie ein Haschen vor. Der Tod sucht seine Beute, aber noch immer wieder entschlüpft sie ihm. Gestern Abend constatierte der Arzt völlige Gefühlslosigkeit, wir erwarteten von Minute zu Minute das Scheiden. Die Kinder blieben in der Wohnung. Aber Gottes Stunde war noch nicht gekommen. Heute, am 22. Mai, ist der Geburtstag seines in Gott ruhenden Vaters, Gottlob Israel Ranke (geb. 1762, gestorben 1836) — möge es sein Sterbetag werden.

Berlin, den 24. Mai 1886.

So schrieb ich am Sonnabend, den 22. Mai, um mich in den Viertelstunden, in denen mich mein Bruder und Onkel und die Schwiegertöchter meines Vaters am Krankenbette ablösten, in etwas zu beruhigen. Denn der Todeskampf war schwer. Gottlob, daß der Sanitätsrath mit größter Bestimmtheit die völlige Bewußtlosigkeit constatierte. Sonst wäre es auch zu schmerzlich gewesen, den geliebten Vater in solchem Todeskampf zu wissen.

Viel Theilnahme von allen Seiten erfuhren wir. Die Allerhöchsten und Höchsten Herrschaften, vor Allem Se. Majestät der Deutsche Kaiser ließen sich des Tages mehreremal nach dem Sterbenden erkundigen. Die Großherzogin von Baden entsandte ihren Oberkammerherrn. Ihre Majestät die Kaiserin und Königin, Se. Kais. und Königl. Hoheit der Kronprinz fragten telegraphisch an. Se. Königl. Hoheit der Prinz Albrecht von Preußen, Prinzregent von Braunschweig, dem wir die schwere Erkrankung gemeldet, ließ sich täglich telegraphisch Bericht erstatten. Leider war der Wunsch Höchstdesselben, „wenn möglich unter Hinweis auf die Beziehungen zum hochseligen Prinzen Albrecht (Vater) einen Gruß auszurichten", nicht mehr ausführbar. Auch aus Nizza ging ein Telegramm vom König von Württemberg, welcher sich nach dem Befinden Höchstseines verehrten Lehrers Ranke erkundigte, ein.

Als Abends Dr. Reinke erschien, waren wir längere Zeit am Krankenbett versammelt. Neben den Kindern und Schwiegerkindern — leider mußte meine Schwester, Frau von Kotze, auf Rath des Arztes ganz fern bleiben —, der Enkelin Lilli und dem Bruder Ernst, waren außer der treuen Dienerschaft noch Buchhändler Geibel, den es ans Krankenbett getrieben hatte, Dr. Wiedemann und Dr. Hinneberg zugegen. Convulsivische Anfälle wechselten mit völliger Apathie ab. Wiederholt erwarteten wir den letzten Athemzug. Wir beteten miteinander für den geliebten Sterbenden; wir trösteten uns untereinander aus Gottes Wort. Aber Gottes Stunde war immer noch nicht gekommen. Einer nach dem Andern mußte bei später Nacht aufbrechen, Morgens $^1/_2 3$ Uhr verließ uns der Arzt, aus dem überaus langsamen Abnehmen der Kräfte den Schluß ziehend, nun könne es noch mehrere Tage dauern. Wie inbrünstig war doch da unser Gebet: Mach' End', o HErr, mach' Ende! —

Aber noch sollte der ganze lange Sonntag darüber hingehen. War der Sonnabend der Tag des Kampfes gewesen, so war der Sonntag der Tag des frieblichen, sanften Abscheidens. Still und ruhig lag unser Vater da. Von allen Seiten gingen uns die aufrichtigsten Zeichen der Theilnahme zu. Mancher abergläubische Rath wurde ertheilt. Eine weitere Abnahme der Kräfte wurde gegen Mittag seitens des Arztes constatiert. Wie ein Bach sich allmählich im Sande verläuft, wie ein Licht immer wieder aufflackert und ganz allmählich ausgeht, so geht's auch hier, meinte der Arzt, zu Ende. Wir gedachten des Liebes:

>Wenn mein Herz und Gedanken
>Vergehn als wie ein Licht,
>Das hin und her thut wanken,
>Wenn ihm die Flamm' gebricht,
>Alsdann fein sanft und stille,
>Laß, Herr, mich schlafen ein u. s. w.

Doch erst in später Abendstunde zeigte sich, daß die Todesstunde sich nahe. Der Puls ging sehr schwach und setzte oft ganz aus; das Herz, das noch sehr lebhaft pochte, hatte auch die Muskeln des Halses, der Schulter u. s. w. zur Mitwirkung herangezogen. Zehn Uhr dreißig Minuten bewegte sich plötzlich der Kopf, der den ganzen Tag über still dagelegen; ein tiefer Athemzug — noch ein zweiter Athemzug — ein dritter und letzter: und Leopold von Ranke war entschlafen.

Wunderbar genug, am Morgen des Sonntages Jubilate hatten wir einst unsere Mutter in Gottes Hände geben müssen, nun ist mein Vater am Abend des Sonntags Cantate — den 23. Mai 1886 — heimgegangen.

Wir aber schließen diesen schlichten Bericht über die letzten Lebenstage, der auf nichts anderes Anspruch macht, als ungefärbte Wahrheit zu sein, mit zwei Bemerkungen aus dem Tagebuche meines Vaters, welches wir nach dessen Heimgange, auf seinem Pulte liegend, gefunden haben, und in welches er, wenn seine Seele durch Tagesereignisse, Todesfälle von Freunden u. s. w. zu beschäftigt war, um in den gewohnten Studien fortzufahren, zu diktieren oder seine Eindrücke selbst niederzuschreiben pflegte. Von eigener Hand finden wir hier folgende Aufzeichnung „über das Alter". Dieselbe stammt aus dem Sommer 1875:

Alter ist an und für sich Einsamkeit.

Denn der alternde Körper verliert an sinnlicher Reactionsfähigkeit; die Seele wird auf sich selbst angewiesen.

Das Leben der Gemeinschaft zieht sich von uns zurück, so wie wir uns von derselben zurückziehen.

Wenn nun die Gebrechlichkeiten des Leibes zunehmen, kann dann wohl die Lebenskraft des Geistes bestehen?

Ich finde, daß der Geist einen großen Einfluß auf das allgemeine, selbst das leibliche Leben ausübt.

Nichts ist dafür wichtiger, als die Gedanken in den Studien, die zugleich productiv oder regenerativ sein müssen, zu fixiren.

In der Welt der Gedanken wird man selbst durch Einsamkeit gefördert; man wird auch weniger durch die Zufälligkeiten der Lage und des Umgangs gestört. Ich erschrecke fast, wie wenig ich dafür empfänglich bleibe. Ist das nicht Egoismus? — Doch wohl ein erlaubter, selbst ein gebotener; denn das eigene innere Dasein beruht darauf.

Zum Schlusse eine Strophe, welche unter dem 30. September 1881 im Tagebuche sich findet:

> Zwischen den Klippen der Irrung,
> In chaotischer Verwirrung
> Führen meine Pfade.
> O, ewige Gnade,
> Laß mir gelingen
> Zur Klarheit durchzubringen,
> Der Klarheit,
> Die da ist die Wahrheit.

Trauerreden.

Ansprache am Sarge meines Vaters

Dienstag, den 25. Mai, Abends 7 Uhr, in der Wohnung des Verewigten
vor einem kleinen Kreise der Verwandten und Freunde.

Pfalm 126:
Wenn der Herr die Gefangenen Zions erlösen wird 2c.

Ehe wir morgen die sterbliche Hülle unseres geliebten Vaters zur letzten irdischen Ruhestätte geleiten und ihn an die Seite seiner in Gott ruhenden Gattin, unserer unvergeßlichen Mutter, in die kühle Erde betten: Erde zu Erde, Asche zu Asche, Staub zum Staube, in der gewissen und fröhlichen Hoffnung der Auferstehung am jüngsten Tage, wird in der Kirche eine gottesdienstliche Feier stattfinden. Da wird es an Anerkennung, Verehrung, Liebe, Dankbarkeit nicht fehlen, die diesem Geisteshelden von allen Seiten entgegengebracht wird. Als eine besonders glückliche Fügung meines Gottes darf ich es ansehen, daß morgen ein Diener der Kirche zu uns reden wird, den mein Vater selbst einen Prediger von Gottes Gnaden genannt hat.

Aber heute sind wir zu einer stilleren, häuslichen Feier versammelt in den Räumen, da der nun Vollendete mehr denn vierzig Jahre rastlos, unermüdlich gearbeitet, seiner Wissenschaft gelebt hat; heute sei es dem Sohne gestattet, seines heiligen und herrlichen Amtes auch an des Vaters Sarge zu warten.

Ich knüpfe an den 126. Psalm an, den mein Bruder unserem Vater heute vor acht Tagen ihm zur Erbauung und zum wahren und warmen Troste vorgelesen. Und wer unseren Vater in diesen letzten Wochen schweren Leidens, in diesen letzten Tagen gewaltigen Todesringens auf seinem Kranken- und Sterbebette gesehen, der mußte bekennen: Auch er ein Gefangener, ein im Kerker dieses armen siechen, langsam sich auflösenden Erdenleibes Gefesselter. War es in den neunzig Jahren seines Lebens so wunderbar großartig, wie sein Geist, seine Seele den kleinen schwachen Leib ganz beherrschte und ihn sich völlig unterthänig machte, so schmachtete in den letzten Wochen die Seele im Gefängniß des absterbenden Leibes.

Und darum, als die Stunde der Befreiung Sonntag Abend schlug — uns hatte es fast zu lang scheinen wollen, wir hatten immer wieder seufzen müssen: Es ist genug, HErr, so nimm nun seine Seele! Mach' End', o HErr, mach' Ende — da waren wir trotz aller Thränen kindlicher Dankbarkeit doch so getrost und so gewiß: Der HErr hat ihm die Kerkerthür aufgethan, den Gefangenen erlöst. Das Gebet der Loosung des Tages ist an ihm wahr gemacht: Bist du doch unser Vater und unser Erlöser, von Alters her ist das dein Name. Ja, der HErr hat Großes an uns gethan, deß sind wir fröhlich. Großes — Er hat uns einen solchen Vater gegeben; Großes — Er hat uns diesen Vater in ungeschwächter Geisteskraft 90 Jahre 5 Monate erhalten; Großes — Er schenkt ihm jetzt nach kurzer Thränensaat die ewige Freudenernte droben!

„Der Mensch gleicht dem Baume, der seine Kraft auch von Luft und Licht, von Wind und Wetter, ja von den Stürmen selbst empfängt," — so sprach mein Vater am letzten 21. December in jener Rede, die nun gewissermaßen das Testamentswort an die Nachwelt geworden; aber daß der Mensch, wie alt er auch wird, mit tausend Wurzeln an den heimatlichen Boden gebunden bleibt — dafür ist mein Vater wiederum ein lebendiges Zeugniß.

Mit welcher Liebe hing er doch an seiner heimatlichen Erde, an jener goldenen Aue, an seinem Wiehe und seinem Birnbaum! Immer wieder plante er auch in den letzten Jahren eine Reise dorthin. War es ihm doch als ein besonderes Glück erschienen, als sein Lieblingskind, seine Tochter, welche heute durch Krankheit selbst dieser häuslichen Feier fern gehalten wird, durch ihre Heirat in seine alte Heimat zurückgeführt wurde. Wie hielt er das Gedächtniß der Eltern wach und warm! Wie gern erzählte er vom Großvater, dem Pastor in Ritteburg, und mit welcher Inbrunst hing er an seinen Geschwistern. Wurde er von den Brüdern und Schwestern aufs Höchste verehrt, so nahm er an all ihren Freuden, Erfolgen, Segnungen, wie an ihren Sorgen, Schmerzen, Thränen den innigsten Antheil. An dem Geburtstage seines Bruders Ferdinand wollen wir ihn morgen begraben. Und die eigene Familie! Treu und dankbar gedachte er bis in die letzten Tage hinein seiner Clara, unserer Mutter. Wie freute er sich an dem Wohlergehen seiner Kinder! „Drei blühende Familien umgeben mich," rühmte er dankerfüllt. Wie glücklich machten ihn seine heranwachsenden Enkelinnen, wenn sie ihm des Sonntags das Evangelium aufsagten; wie hat er gezittert um meinen Eberhard während dessen schwerer Krankheit; wie hat er Euren kleinen Heinrich gesegnet!

„Aber ich habe noch eine andere, ältere Familie," pflegte er zu sagen, „die wissenschaftliche, die historische Familie — die Familie meiner Schüler und meiner Schüler Schüler." Mit ihnen fühlte er sich eng verbunden! Wie beglückten ihn ihre Erfolge! Er lebte ganz mit ihnen. Und wie hat er getrauert, wenn hier der Tod Lücken schlug. Ich nenne Siegfried Hirsch, Köpke, Pauli, Nitzsch, Arnold. Ach ja — er hatte Recht — „das Alter ist an und für sich Einsamkeit". Wie war doch der große Freundeskreis gelichtet! An seinem Sarge nenne ich Namen, die seinem Herzen immer nahe gestanden: Eichhorn, Savigny, Neander und Friedrich Strauß, die Gebrüder Grimm, Karl Ritter, Schelling, Drake und Dove, Ehrenberg, Pertz und Lepsius; Feldmarschall von Manteuffel und Frau von Manteuffel; König Max von Bayern, Prinz Albrecht Vater, Friedrich Wilhelm IV. und Königin Elisabeth.

Ja, die Freunde gingen voran — aber die Arbeit blieb. Die Arbeit erhält mich, so sagte er oft, am Leben. Wenn das Leben köstlich gewesen, so ist es Mühe und Arbeit gewesen. Labor ipse voluptas, der von ihm erwählte Wahlspruch unseres Wappenschildes!

Und wie hat er gearbeitet! Es schien, je älter er wurde, desto angestrengter und unverdrossener in der Arbeit! Auch die spätesten Nachtstunden in den Dienst der Arbeit stellend! Als Fünfundachtzigjähriger macht er sich mit Jünglingsmuth an die Riesenarbeit: „Die Weltgeschichte"!

Sollen wir aber nun klagen — oder gar uns gegen Gottes Willen auflehnen: warum ist er uns vor Vollendung seines Werkes entrissen? Wir hätten ihn so gern weiter gepflegt, ihn weiter bedient — weiter mit ihm gearbeitet! . . . Und doch kann ich auch hier nur Gottes Güte preisen. Das wäre freilich schmerzlich gewesen, wenn die geistige Schaffenskraft allmählich versiegt wäre, wenn die Werke mit abnehmender Kraft etwa geschrieben worden. Aber das ist ja das Wunderbare, das Phänomenale, das Dankenswertheste, daß jedesmal der letzte Band der beste, der vollkommenste seiner Werke zu sein schien. „Ich werde glücklich sein," so schließt sein sechster Band, „wenn mir vergönnt wäre, den Fortgang der Weltgeschichte noch weiter nachzuweisen!" Dieser Wunsch ist ihm unerfüllt geblieben. Aber, nicht wahr, bei allem Schmerz liegt doch eine Beruhigung in dem Gedanken: Nicht er lebte zu lang: der Neunzigjährige starb für seine Arbeit zu früh! In der Vollkraft des Geistes ist dieser Geistesheros von seiner Arbeit abberufen.

Ich hätte noch viel zu sagen, aber ich muß abbrechen. Zweierlei darf an diesem Sarge jedoch nicht unausgesprochen bleiben. Ich meine seine Liebe, seine Verehrung zu unserem Herrscherhause: einen königstreueren Unterthan konnte es nicht geben! Mit ganzer Seele war er der Historiograph des preußischen Staates. König Friedrich Wilhelm III. verehrte er, wenn er ihm auch nicht näher trat; den König Friedrich Wilhelm IV. durfte er seinen Freund nennen. Unseres Kaisers Majestät hat ihn mit Ehren und Auszeichnungen überhäuft. Die Besuche des Kronprinzen, der Prinzen Albrecht Vater und Sohn, der Großherzogin von Baden waren ihm selbst Freuden- und Erquickstunden. Daß aber mein Vater ein Christ gewesen, nicht dem Namen nach, sondern im Geist und in der Wahrheit; daß ihm der religiöse Gedanke auch für die Entwickelung der Weltgeschichte der entscheidende gewesen, weiß Jeder aus seinen Werken.

Auch im häuslichen Leben trat das religiöse Moment je und je sehr lebendig hervor. Aus meiner Kinderzeit werde ich nie vergessen, wie wir ihm täglich Morgens früh, oft bei spärlichstem Lichte, drei Bibelsprüche aus einem kleinen Büchlein, die dreifältige Schnur genannt, vorlesen mußten. Aus meinen Jünglingsjahren werde ich das Abendmahl nie vergessen, welches uns der selige Strauß hier im Hause austheilte, wo dann mein Vater noch während der Feier tiefergriffen das Wort nahm — als Hausvater und Hauspriester! Aus meinen Mannesjahren werde ich nie vergessen, wie mich mein Vater stets zu freudigem Bekennen der evangelischen Heilswahrheiten ermuntert und ermuthigt hat.

In seinem Tagebuch finden wir ein Gebet, welches mit den Worten schließt: "Allgewaltiger, Einer und Dreifaltiger, Du hast mich aus dem Nichts gerufen; hier liege ich vor Deines Thrones Stufen."

Ja, hier liege ich an Deines Thrones Stufen — das galt insonderheit für die letzten Tage, die Stunden bittersten Kampfes, die letzten Stunden frieblichen Scheidens. Man könnte wohl fragen: warum mußte er noch so viel leiden? Warum konnte der HErr nicht auch ihn durch des Todes Thüren träumend führen und auf einmal frei machen? Ich weiß dafür nur eine Antwort; die Antwort des Paulus: auf daß sich kein Fleisch vor ihm rühme. Ja, auch dieser Weise durfte sich nicht seiner Weisheit rühmen. Auch er mußte ausziehen, was allein in dieser Welt gilt. Vor seines Gottes Throne lag zuletzt nicht der Gelehrte, dessen Blick die Jahrtausende durchdrang und überschaute, lag nicht der Forscher, dessen Name und Arbeit in Jahrhunderten noch wirken wird. Vor Gottes Throne lag zuletzt doch nur das arme, sündige, ohnmächtige

Menschenkind, das nur den einen Trost im Leben und im Sterben kennt: Aus Gnaden, aus Gnaden allein.

Ja, wenn unser Vater in den letzten Tagen immer wieder stöhnte, seufzte, aufschrie: „Erbärmlich, ich elender Mensch, armseliger!" ich hörte immer den Paulusruf heraus: „Ich elender Mensch, wer wird mich erlösen von dem Leibe dieses Todes?" Nun, die Antwort ist nicht ausgeblieben. Der HErr hat ihn erlöst von allem Uebel und ihm ausgeholfen zu seinem himmlischen Reiche.

Am Abend des Cantatesonntags ist unser Vater heimgegangen: droben im seligen Licht wird er ewiglich Cantate feiern: Ja, singet dem HErrn ein neues Lied; der HErr thut Wunder. Amen.

Rede des Oberhofpredigers Dr. theol. Rudolf Kögel.

Die Gnade unseres Herrn Jesu Christi, der die Auferstehung ist und das Leben, und die Liebe Gottes des Vaters, der ein Gott ist nicht der Todten, sondern der Lebendigen, und die Gemeinschaft des heiligen Geistes, der ein Tröster ist denen, die Leid tragen, sei mit uns allen jetzt und immerdar. Amen.

Jesaias 40, 30. 31.
„Die Knaben werden müde und matt und die Jünglinge fallen. Aber die auf den Herrn harren, kriegen neue Kraft, daß sie auffahren mit Flügeln wie Adler, daß sie laufen und nicht matt werden, daß sie wandeln und nicht müde werden."

Am vergangenen Sonntag Cantate, an dem Tage, an welchem hier die Kunst eine Jubelfeier beging, sah die Wissenschaft das Auge eines ihrer größten Vertreter sich für immer schließen. Auf den Sarg des Mannes und Meisters, der Preußens Geschichte und Preußens Ruhm schrieb, auf den Sarg eines erprobten Freundes und treuen Dieners legt unser greises Kaiserpaar, legt unser Kronprinz mit seiner Gemahlin den Kranz der Anerkennung und des Dankes nieder. Einem unvergleichlichen Lehrer giebt die Hochschule das letzte Geleit. Die

Hauptstadt des Reiches begräbt einen ihrer gefeiertsten Ehren=
bürger. Im ganzen Deutschen Reich und weit über die Grenzen
desselben hinaus, allüberall, wo man Geschichte schreibt und
treibt, nimmt man an diesem Hingang Theil. Welch ein
wunderbar gesegnetes Leben schließt hier ab, ein Leben, dem
es vergönnt war, in voller Schaffenskraft um ein ganzes
Jahrzehnt den Markstein zu überschreiten, den der 90. Psalm
dem menschlichen Dasein setzt! Was der Vollendete am Sarge
seines Bruders Ferdinand rühmte, hier hat es sich in erhöhtem
Maße erfüllt, „ein in Einem Zuge gelebtes Leben war's",
ein Leben unter den Schutz der göttlichen Verheißung gestellt:
„Die auf den Herrn harren, kriegen neue Kraft, daß sie auf=
fahren mit Flügeln wie Adler."

Vermessenheit wäre es fürwahr, wollte dieser Augenblick
auf einen Ausdruck dafür sinnen, was der Dahingeschiedene
seiner Zeit, was seine Zeit ihm war. Berufenere, denn ich,
werden sein Gedächtniß feiern, Schüler des Meisters, die selbst
wieder in ihrer Wissenschaft zu Meistern herangereift sind.
War doch das Schwanenwort eines vor wenig Wochen aus
unserer Mitte entrückten großen Literaturhistorikers der Hul-
digung des nun gleichfalls Vollendeten geweiht. Nein, keine
Abschiedsfeier ist's, was wir begehen. Wie Leopold von Ranke
der Unsere war, so bleibt er auch der Unsere. Bei aller Weh=
muth eine Dankesfeier! Wir opfern Dank vor dem Vater
des Lichtes, von dem — wie die Epistel des Cantatesonntags
bekennt — alle gute und alle vollkommene Gabe herabkommt.
Wie einten sich hier Gaben, die sonst weit auseinander liegen oder
wohl gar sich fliehen: mit der Spannkraft des Willens, die
in unerbittlichem Fleiß die Stunde auszukaufen, den Tag zu
verdoppeln wußte, verband sich ununterbrochen körperliche

Frische — „sein Auge war nicht dunkel geworden, seine Kraft nicht verfallen" —, mit der Weisheit gereifter Erfahrung bis zum Ausgang jugendlicher Schwung, mit dem scharfen Auge des Quellenfinders die gestaltende Künstlerhand, mit der Beobachtung für das Einzelne, mit der Gedächtnißtreue, die er wie eine sittliche Eigenschaft pflegte, die Intuition für das Ganze, die Divination für die treibenden Kräfte des geschichtlichen Lebens, — mit der Selbstverläugnung, die sich an den Stoff hingiebt, ohne sich an ihn zu verlieren, die schöpferische Kraft, welche die Grabkammern der Vergangenheit entriegelt und den Staub der Jahrhunderte belebt —, mit der unparteiischen Gerechtigkeit, die in der Reihe der Völker Bild um Bild treu wiedergiebt, die Gabe Geister zu unterscheiden, und zu dem allen: der Herzschlag für das Bedürfniß der Gegenwart. Es war nicht Undank, nicht Ungenügsamkeit, noch weniger Todesgrauen, was ihm die Bitte eingab, noch ein Lustrum leben zu dürfen, es war das Verlangen nach dem Abschluß seiner „Weltgeschichte". Gott hat ihm, hat uns diesen Wunsch versagt! Poeten, so meinte Ranke einst, werden geboren. Musiker haben das Vorrecht, in frühen Jahren Unsterbliches zu schaffen. Auch einzelne Wissenschaften gewähren schon der ersten Manneskraft reichen Ertrag. Der Historiker muß alt werden, soll anders er den unermeßlichen Umfang an Studien irgendwie bewältigen und soll er die Fülle einer reichen Zeitgeschichte belehrend auf sich wirken lassen! Unserem Meister war die Geschichtsschreibung eben mehr als die Abnahme einer Todtenmaske! Ihm war sie die Wahrnehmung eines königlichen Amtes nach dem Sprichwort, daß es Gottes Ehre ist, eine Sache verbergen, der Könige Ehre aber, eine Sache erforschen. Spr. Sal. 25, 2.

Ihm war Geschichtsschreibung eine nach rückwärts gewandte Prophetie, wie im Alten Bunde ein Moses den Spuren Gottes hintennach schaut, wie im Neuen Bunde ein Paulus auf dem Areopag Athens das Walten Gottes in der Führung und Erziehung der Völker preist.

Der hier ruht, war ein Mann, treu, keusch und deutsch, ein Mann der Pietät und darum ein Gegner der Revolution. Ein Mann der Pietät: bis ins hohe Greisenalter hing er aufs zärtlichste an dem gesegneten Andenken seiner Eltern, an den Schulen, die ihn erzogen, der Klosterschule zu Donndorf, an seiner alma mater Schulpforte, an dem thüringischen Boden, wo seine Wiege stand. Noch der letzterschienene Band seiner Weltgeschichte bekundet in lebhaftem Heimathgefühl die Vorliebe für die sächsischen Kaiser; wir schreiten mit ihm durch die goldene Aue, wir hören das Rauschen der Unstrut, in altem Glanz sehen wir die Kaiserpfalz von Memleben neu erstehen. — Ein Mann der Pietät! Als er selbst zum ruhmvollen Haupt einer historischen Schule geworden war, wollte er sie lieber als eine „Familienverbindung in der Literatur", nicht als eine Schule betrachtet wissen. Noch auf seinem Sterbebette bewegte ihn immer wieder die schmerzliche Theilnahme um die Krankheit seines nun gleichfalls heimgerufenen Freundes Georg Waitz.

Welch ein treues Herz für diese Erde aufgehört hat zu schlagen, niemand weiß es besser als Ihr, Ihr theuren Angehörigen, Du sein einziger Bruder, Ihr seine zärtlich geliebten Kinder und Enkel! Nein, seine Gelehrtenzelle war nicht öde und einsam. Wie innig war das Band mit der vor fünfzehn Jahren am Sonntage Jubilate in die Ewigkeit ihm vorausgegangenen Gattin, seiner verständnißvollen Gehülfin, Eurer unvergeßlichen Mutter! Wie herzlich dankbar war er der aufopferungsvollen Pflegerin seiner alten Tage! Wie fröhlich lauschte er, der mit jeder Minute sonst geizte, dem Beethovenspiel seiner Tochter und Schwiegertochter. Wie treulich hat er Dich, mein Bruder im Amt — wie Du es gestern Abend selbst an seinem Sarge aussprachst — befestigt, getröstet, aufgerichtet in dem Dienst am Wort, das die Versöhnung predigt! Wie inbrunstvoll hat er seine Enkel gesegnet! Wahrlich, sein Segen wird mit Euch gehen auf Kindeskind. Und wie er es ahnungsvoll am Verlobungstage der einen seiner Schwiegertöchter voraussagte, sie solle dem alten Vater dereinst die Augen zudrücken, so ist's geschehen!

Das Geheimniß seines Friedens und seiner Kraft war der Bund mit Gott. Die auf den Herrn harren, kriegen neue Kraft. Der hier zur Ruhe Gottes Eingegangene, er hat sich des Namens nicht geschämt, der über alle Namen ist, an den gekreuzigten und auferstandenen Sohn Gottes, unsern Herrn und Heiland Jesum Christum hat er geglaubt. Wer wüßte nicht, was der große Historiker dem größten Volksbuch, das Deutschland besitzt, dem kleinen Katechismus Luthers, in der Geschichte der Reformation nachrühmt: „Ebenso kindlich sei dies Buch wie tiefsinnig, so faßlich wie unergründlich, einfach und erhaben. Glückselig — so ruft er aus — wer seine Seele damit nährte, wer daran festhält!" In voller Wahrheit ist an diesem Sarge und im Namen des Verklärten gesungen: Christus der ist mein Leben, Sterben ist mein Gewinn! Sonntag für Sonntag ließ er sich von seinen Enkelinnen das Evangelium und die Epistel vorlesen. So noch acht Tage vor seinem Tode. Und in die Schmerzen der letzten Wochen, wo er sich mit dem Kranken von Bethesda verglich, der in Gebuld harre, bis der Engel die Fluth bewege, — in die bangen Kämpfe, die ihm nicht erspart bleiben sollten, in die Seufzer: „ich elender Mensch", drang von den Lippen eines seiner Söhne die Verheißung des 126. Psalms, drang als Abschiedsgruß aus dem Munde seines Bruders der Trost: „Der Herr ist mein Hirt, mir wird nichts mangeln".

Das Gebet, das — von ihm in den letzten Jahren verfaßt — auf dem letzten Blatte seines Tagebuches steht, ihm ein Denkmal, uns ein Vermächtniß, sei auch unser Schluß:

>Wer ist die Kraft,
>Die Leben in mir schafft?
>Wer giebt Erkenntniß
>Und Verständniß?
>Wer bewahrt die Seele,
>Daß sie nicht fehle?
>Allgewaltiger,
>Einer und Dreifaltiger,
>Du hast mich aus dem Nichts gerufen,
>Hier liege ich vor Deines Thrones Stufen!
>Amen.

Anhang.

An Kundgebungen der Trauer und des Beileids hat es uns nach dem Heimgange unseres in Gott ruhenden Vaters nicht gefehlt.

Die prachtvollsten Kränze und Palmenzweige, welche von den Allerhöchsten und Höchsten Herrschaften, von gelehrten und anderen Körperschaften, von Freunden, von Bekannten und Unbekannten eingingen, schmückten den Sarg und das Grab.

Die Mitglieder der Akademie, die Professoren und die Studentenschaft bereiteten dem Senior der Universität einen Leichenzug, wie ihn Berlin kaum zuvor gesehen hat. Der Oberbürgermeister, Magistrat und Stadtverordnete ehrten ihren Ehrenbürger.

Die Zeitungen Deutschlands und des Auslandes brachten die anerkennendsten Artikel.

Von allen Seiten ist uns in Telegrammen und Briefen die herzlichste Theilnahme bewiesen worden.

Aus dieser großen Zahl glauben wir wenigstens die folgenden fünf Briefe bezw. Telegramme hier mittheilen zu sollen. Von

Sr. Majestät dem Kaiser und Könige.

Berlin, den 24. Mai 1886.

Die Trauerbotschaft, die Sie und Ihr Bruder Mir soeben zugehen ließen, hat Mich tief erschüttert, wenngleich Ich derselben seit den letzten Tagen entgegensehen mußte!

Es ist ein Ehrenmann, ein ächter Patriot zu Grabe gegangen, der Mir als solcher nahe stand, aber auch durch langen Umgang Meinem Herzen verwandt war! Sein Name wird als Geschichtsforscher und unerreichter Geschichtsschreiber, durch seltene Arbeitskraft bis zu höchsten Lebenstagen, in der Welt bastehen. Ich werde ihn immer dankbar beweinen und sein Andenken in Ehren halten.

Wilhelm.

Ihrer Majestät der Kaiserin und Königin.

Baden, den 24. Mai 1886.

Der Schmerz über den Verlust Ihres Vaters wird ein allgemeiner, Ich möchte sagen, ein patriotischer sein. Wem so vergönnt war, im Dienst der Wissenschaft Licht und Wahrheit zu verbreiten, lebt im Andenken der Zeitgenossen und der Nachwelt fort. Aber für die Hinterbliebenen ist der Verlust schwer zu tragen. Gott helfe Ihnen immerdar.

Augusta.

Sr. Kaiserl. und Königl. Hoheit dem Kronprinzen des Deutschen Reichs und von Preußen.

Sie wissen ebenso wie Ihre Geschwister, daß Mich aufrichtige Verehrung und herzliche Anhänglichkeit von Jugend auf für Ihren Vater beseelte, weshalb Ich jetzt, wo er uns genommen wird, Mich der tiefen Trauer anschließe, welche die Seinigen erfüllt. Sein Name bleibt unvergänglich in den Annalen der Wissenschaft, wo das Andenken an ihn von allen stets hoch in Ehren gehalten werden wird, die ihm nahe standen.

Friedrich Wilhelm, Kronprinz.

Sr. Königl. Hoheit dem Prinzen Albrecht von Preußen, Prinzregenten von Braunschweig.

Mit aufrichtiger Theilnahme empfange Ich die Nachricht vom Hintritt Ihres Vaters und beklage tief den großen Verlust, welchen seine Wissenschaft erleidet, wie Ich selbst einen wahren Freund verliere, der schon Meinem Vater so lange nahe gestanden. Albrecht.

Sr. Durchlaucht dem Fürsten Bismarck.

Friedrichsruh, den 27. Mai 1886.

Euer Hochehrwürden und Ihren Herrn Bruder bitte ich, den herzlichen Ausdruck meiner aufrichtigen Theilnahme an dem schweren Verluste entgegen zu nehmen, welcher Sie und mit Ihnen das ganze Vaterland betroffen hat. Ich bin mit Ihrem Herrn Vater aufs innigste verbunden gewesen durch die Uebereinstimmung der politischen Gesinnungen und durch mehr als vierzigjährige, von stets gleichem Wohlwollen für mich und gleicher Liebenswürdigkeit des Verewigten getragene, persönliche Beziehungen. Ich empfinde daher besonders schmerzlich die Lücke, welche sein Ausscheiden nicht nur in meinem politischen, sondern auch in meinem engeren persönlichen Gesichtskreise hinterläßt. Durch meine Abwesenheit an unmittelbarer Bethätigung meiner Theilnahme verhindert, bitte ich Sie, in Mitten der Kundgebungen der Trauer, mit denen die ganze gebildete Welt Ihnen in diesen Tagen nahe tritt, den Ausdruck der dankbaren Erinnerung freundlich entgegen zu nehmen, welche für mich, so lange ich lebe, mit dem Andenken an Ihren Herrn Vater verbunden ist.

von Bismarck.

Printed by Libri Plureos GmbH
in Hamburg, Germany